A todas las madres y
abuelas del mundo.

-The Green Brothers-

Siempre cocinas pensando en alguien ...
de otra manera,
solo estás preparando comida ...

Este libro es un regalo de

_____

Le agradecemos y le felicitamos por su elección.
Compraste un libro de calidad, diseñado y creado con amor y atención al detalle.
Esperamos que desee visitar nuestro sitio web donde encontrarás otras ideas para ¡Adultos y niños!

Gracias de nuevo de todo el equipo de

Green Brothers.

www.thegreenbrothers2020.com

¡Regala la primera edición a un amigo!

CADA VEZ QUE LLEGUE A COCINAR, RECUERDE:

Siempre preste mucha atención a lo que está haciendo en la cocina porque incluso un resbalón puede causar lesiones graves o un accidente.
Para evitar esto, adopte un plan para limpiar la cocina e ¡consiga el equipo de seguridad necesario!
También es importante saber con quién estás:
por ejemplo, los niños, que nunca deben quedarse solos en la cocina, ¡pero siempre logran hacerlo!

LAS REGLAS DEL COCINERO

- Guarde siempre los cuchillos en sus soportes
- Nunca use ropa holgada y mantenga su cabello recogido
- No use collares o joyas que cuelguen
- ¡Mantenga los agarraderas a mano y utilícelos!
- Nunca deje alimentos sensibles a la temperatura en la cocina
- Seque el piso inmediatamente
- Lávese las manos y los utensilios que usa para procesar carne cruda (especialmente pollo) antes de tocar otros alimentos, recipientes o utensilios.
- Consiga un extintor de incendios para su cocina.

De serie	Receta	Página
1		Página 1
2		Página 2
3		Página 3
4		Página 4
5		Página 5
6		Página 6
7		Página 7
8		Página 8
9		Página 9
10		Página 10
11		Página 11
12		Página 12
13		Página 13
14		Página 14
15		Página 15
16		Página 16
17		Página 17
18		Página 18
19		Página 19
20		Página 20
21		Página 21
22		Página 22
23		Página 23
24		Página 24
25		Página 25

De serie	Receta	Página
26		Página 26
27		Página 27
28		Página 28
29		Página 29
30		Página 30
31		Página 31
32		Página 32
33		Página 33
34		Página 34
35		Página 35
36		Página 36
37		Página 37
38		Página 38
39		Página 39
40		Página 40
41		Página 41
42		Página 42
43		Página 43
44		Página 44
45		Página 45
46		Página 46
47		Página 47
48		Página 48
49		Página 49
50		Página 50

De serie	Receta	Página
51		Página 51
52		Página 52
53		Página 53
54		Página 54
55		Página 55
56		Página 56
57		Página 57
58		Página 58
59		Página 59
60		Página 60
61		Página 61
62		Página 62
63		Página 63
64		Página 64
65		Página 65
66		Página 66
67		Página 67
68		Página 68
69		Página 69
70		Página 70
71		Página 71
72		Página 72
73		Página 73
74		Página 74
75		Página 75

De serie	Receta	Página
76		Página 76
77		Página 77
78		Página 78
79		Página 79
80		Página 80
81		Página 81
82		Página 82
83		Página 83
84		Página 84
85		Página 85
86		Página 86
87		Página 87
88		Página 88
89		Página 89
90		Página 90
91		Página 91
92		Página 92
93		Página 93
94		Página 94
95		Página 95
96		Página 96
97		Página 97
98		Página 98
99		Página 99
100		Página 100

1

_____

clasificación

☆☆☆☆☆

ingredientes

_____ _____ _____
_____ _____ _____
_____ _____ _____
_____ _____ _____
_____ _____ _____
_____ _____ _____
_____ _____ _____

nivel de dificultad

○○○○○

comensales

1 2 3 4 5

hora

Preparación

_____
_____
_____
_____
_____
_____
_____
_____
_____
_____
_____
_____
_____

servir con

_____

_____

Notas
adicionales

_____

_____

_____

_____

2

_____

clasificación

☆☆☆☆☆

ingredientes

_____ | _____ | _____
_____ | _____ | _____
_____ | _____ | _____
_____ | _____ | _____
_____ | _____ | _____
_____ | _____ | _____

nivel de dificultad

○○○○○

comensales

1 2 3 4 5

hora

Preparación

_____
_____
_____
_____
_____
_____
_____
_____
_____
_____
_____
_____
_____

servir con

_____

Notas
adicionales

_____
_____
_____
_____
_____
_____
_____

3

ingredientes

_____

clasificación
☆ ☆ ☆ ☆ ☆

nivel de dificultad
○ ○ ○ ○ ○

comensales
1 2 3 4 5

hora

Preparación

servir con

Notas
adicionales

4

ingredientes

_____ _____ _____
_____ _____ _____
_____ _____ _____
_____ _____ _____
_____ _____ _____
_____ _____ _____

Preparación

_____
_____
_____
_____
_____
_____
_____
_____
_____
_____
_____
_____

clasificación

☆☆☆☆☆

nivel de dificultad

○○○○○

comensales

1 2 3 4 5

hora

servir con

_____
_____

Notas
adicionales

_____
_____
_____
_____
_____
_____

_____

ingredientes

_____ _____ _____
_____ _____ _____
_____ _____ _____
_____ _____ _____
_____ _____ _____
_____ _____ _____
_____ _____ _____

Preparación

_____
_____
_____
_____
_____
_____
_____
_____
_____
_____
_____
_____

clasificación
☆☆☆☆☆

nivel de dificultad
○○○○○

comensales
1 2 3 4 5

hora

_____

servir con

_____

_____

Notas
adicionales

_____

_____

_____

_____

_____

_____

ingredientes

clasificación

☆ ☆ ☆ ☆ ☆

nivel de dificultad

○ ○ ○ ○ ○

comensales

1 2 3 4 5

hora

servir con

Notas adicionales

Preparación

7

_____

clasificación

☆ ☆ ☆ ☆ ☆

ingredientes

_____ _____ _____

_____ _____ _____

_____ _____ _____

_____ _____ _____

_____ _____ _____

_____ _____ _____

_____ _____ _____

nivel de dificultad

○ ○ ○ ○ ○

comensales

1 2 3 4 5

hora

Preparación

_____

_____

_____

_____

_____

_____

servir con

_____

_____

_____

_____

Notas
adicionales

_____

_____

_____ _____

_____ _____

_____ _____

_____ _____

_____ _____

_____ _____

ingredientes

clasificación

nivel de dificultad

○ ○ ○ ○ ○

comensales

1 2 3 4 5

hora

_____

Preparación

servir con

_____

Notas
adicionales

9

_____

ingredientes

_____ _____ _____
_____ _____ _____
_____ _____ _____
_____ _____ _____
_____ _____ _____
_____ _____ _____

Preparación

_____
_____
_____
_____
_____
_____
_____
_____
_____
_____
_____
_____
_____

clasificación
☆☆☆☆☆

nivel de dificultad
○○○○○

comensales
1 2 3 4 5

hora

_____

servir con

_____

_____

Notas
adicionales

_____
_____
_____
_____
_____
_____
_____

10

_____

clasificación
☆☆☆☆☆

ingredientes

_____ _____ _____
_____ _____ _____
_____ _____ _____
_____ _____ _____
_____ _____ _____
_____ _____ _____

nivel de dificultad
○○○○○

comensales
1 2 3 4 5

hora

Preparación

_____
_____
_____
_____
_____
_____
_____
_____
_____
_____
_____
_____
_____
_____

servir con

_____
_____

Notas
adicionales

_____
_____
_____
_____
_____
_____
_____
_____

11

_____

clasificación

☆☆☆☆☆

ingredientes

_____ _____ _____
_____ _____ _____
_____ _____ _____
_____ _____ _____
_____ _____ _____
_____ _____ _____
_____ _____ _____

nivel de dificultad

○○○○○

comensales

1 2 3 4 5

hora

Preparación

_____
_____
_____
_____
_____
_____
_____
_____
_____
_____
_____
_____
_____

servir con

_____

_____

Notas
adicionales

_____

_____

_____

_____

_____

_____

_____

12

_____

clasificación
☆☆☆☆☆

ingredientes

nivel de dificultad
○ ○ ○ ○ ○

_____ _____ _____

_____ _____ _____

_____ _____ _____

comensales
1 2 3 4 5

_____ _____ _____

_____ _____ _____

hora

_____ _____ _____

Preparación

servir con

_____

_____

_____

_____

_____

Notas
adicionales

_____

_____

_____

_____

_____

_____

_____

_____

_____

13

clasificación

☆☆☆☆☆

ingredientes

_____ _____ _____
_____ _____ _____
_____ _____ _____
_____ _____ _____
_____ _____ _____
_____ _____ _____
_____ _____ _____

nivel de dificultad

○ ○ ○ ○ ○

comensales

1 2 3 4 5

hora

Preparación

_____
_____
_____
_____
_____
_____
_____
_____
_____
_____
_____
_____
_____
_____

servir con

_____

Notas
adicionales

_____
_____
_____
_____
_____
_____

14

_____

clasificación
☆☆☆☆☆

ingredientes

_____ _____ _____
_____ _____ _____
_____ _____ _____
_____ _____ _____
_____ _____ _____
_____ _____ _____
_____ _____ _____
_____ _____ _____

nivel de dificultad
○ ○ ○ ○ ○

comensales
1 2 3 4 5

hora

Preparación

_____
_____
_____
_____
_____
_____
_____
_____
_____
_____
_____
_____
_____
_____

servir con

_____

Notas
adicionales

_____
_____
_____
_____
_____
_____

15

_____

clasificación
☆☆☆☆☆

🧂 **ingredientes** 🧂

_____ _____ _____
_____ _____ _____
_____ _____ _____
_____ _____ _____
_____ _____ _____
_____ _____ _____
_____ _____ _____

nivel de dificultad
○ ○ ○ ○ ○

comensales
1 2 3 4 5

hora

Preparación

servir con

_____
_____
_____
_____
_____
_____
_____
_____
_____
_____
_____
_____
_____

Notas
adicionales

_____
_____
_____
_____
_____
_____
_____

16

ingredientes

_____ _____ _____
_____ _____ _____
_____ _____ _____
_____ _____ _____
_____ _____ _____
_____ _____ _____
_____ _____ _____

Preparación

_____
_____
_____
_____
_____
_____
_____
_____
_____
_____
_____
_____
_____
_____
_____
_____

clasificación

☆ ☆ ☆ ☆ ☆

nivel de dificultad

○ ○ ○ ○ ○

comensales

1 2 3 4 5

hora

servir con

_____

_____

Notas
adicionales

_____
_____
_____
_____
_____
_____
_____

17

_____

clasificación
☆☆☆☆☆

ingredientes

_____ _____ _____
_____ _____ _____
_____ _____ _____
_____ _____ _____
_____ _____ _____
_____ _____ _____
_____

nivel de dificultad
○○○○○

comensales
1 2 3 4 5

hora

Preparación

_____
_____
_____
_____
_____
_____
_____
_____
_____
_____
_____
_____
_____
_____
_____

servir con

_____

_____

Notas
adicionales

_____
_____
_____
_____
_____
_____
_____

18

clasificación
☆☆☆☆☆

ingredientes

_____

nivel de dificultad
○○○○○

comensales
1 2 3 4 5

hora

Preparación

servir con

_____

_____

Notas
adicionales

19

ingredientes

_____ _____ _____
_____ _____ _____
_____ _____ _____
_____ _____ _____
_____ _____ _____
_____ _____ _____
_____ _____ _____

Preparación

_____
_____
_____
_____
_____
_____
_____
_____
_____
_____
_____
_____
_____
_____

clasificación

☆☆☆☆☆

nivel de dificultad

○○○○○

comensales

1 2 3 4 5

hora

servir con

_____

_____

Notas
adicionales

_____

_____

_____

_____

_____

20

_____

clasificación

☆☆☆☆☆

ingredientes

nivel de dificultad

○○○○○

comensales

1 2 3 4 5

hora

_____
_____
_____
_____
_____
_____

Preparación

servir con

_____
_____

Notas
adicionales

_____
_____
_____
_____
_____
_____
_____
_____
_____
_____
_____
_____
_____
_____

21

_____

ingredientes

_____ _____ _____
_____ _____ _____
_____ _____ _____
_____ _____ _____
_____ _____ _____
_____ _____ _____

Preparación

_____
_____
_____
_____
_____
_____
_____
_____
_____
_____
_____
_____

clasificación
☆ ☆ ☆ ☆ ☆

nivel de dificultad
○ ○ ○ ○ ○

comensales
1 2 3 4 5

hora

servir con

Notas
adicionales

22

_____

ingredientes

_____ _____ _____
_____ _____ _____
_____ _____ _____
_____ _____ _____
_____ _____ _____
_____ _____ _____
_____

Preparación

_____
_____
_____
_____
_____
_____
_____
_____
_____
_____
_____
_____

clasificación

☆☆☆☆☆

nivel de dificultad

○○○○○

comensales

1 2 3 4 5

hora

servir con

_____

Notas
adicionales

_____
_____
_____
_____
_____
_____

23

clasificación
☆☆☆☆☆

ingredientes

nivel de dificultad
○○○○○

comensales
1 2 3 4 5

hora

Preparación

servir con

Notas
adicionales

24

_____

ingredientes

_____ _____ _____
_____ _____ _____
_____ _____ _____
_____ _____ _____
_____ _____ _____
_____ _____ _____

Preparación

_____
_____
_____
_____
_____
_____
_____
_____
_____
_____
_____
_____
_____
_____

clasificación

☆☆☆☆☆

nivel de dificultad

○○○○○

comensales

1 2 3 4 5

hora

_____

servir con

_____

Notas
adicionales

_____
_____
_____
_____
_____
_____
_____
_____

25

_____

🧂 **ingredientes** 🧂

_____ | _____ | _____
_____ | _____ | _____
_____ | _____ | _____
_____ | _____ | _____
_____ | _____ | _____
_____ | _____ | _____

Preparación

_____
_____
_____
_____
_____
_____
_____
_____
_____
_____
_____
_____
_____

clasificación
☆☆☆☆☆

nivel de dificultad
○○○○○

comensales
1 2 3 4 5

hora

_____

servir con

_____

_____

Notas
adicionales

_____
_____
_____
_____
_____
_____

ingredientes

_____

clasificación
☆☆☆☆☆

nivel de dificultad
○○○○○

comensales
1 2 3 4 5

hora

_____

servir con

_____
_____

Notas
adicionales

_____

Preparación

_____

_____

27

clasificación

☆☆☆☆☆

ingredientes

_____ _____ _____
_____ _____ _____
_____ _____ _____
_____ _____ _____
_____ _____ _____
_____ _____ _____
_____ _____ _____

nivel de dificultad

○ ○ ○ ○ ○

comensales

1 2 3 4 5

hora

Preparación

_____
_____
_____
_____
_____
_____
_____

servir con

_____

Notas
adicionales

_____
_____
_____
_____
_____
_____
_____
_____
_____

28

_____

clasificación

☆☆☆☆☆

ingredientes

_____ _____ _____
_____ _____ _____
_____ _____ _____
_____ _____ _____
_____ _____ _____
_____ _____ _____

nivel de dificultad

○ ○ ○ ○ ○

comensales

1 2 3 4 5

hora

Preparación

_____
_____
_____
_____
_____
_____

servir con

_____

_____

Notas
adicionales

_____
_____
_____
_____
_____
_____
_____

_____

_____

_____

_____

_____

_____

29

clasificación

☆☆☆☆☆

nivel de dificultad

○○○○○

comensales

1 2 3 4 5

hora

ingredientes

_____ _____ _____

_____ _____ _____

_____ _____ _____

_____ _____ _____

_____ _____ _____

_____ _____ _____

_____ _____ _____

Preparación

_____

_____

_____

_____

_____

_____

_____

_____

_____

_____

_____

_____

servir con

_____

_____

Notas
adicionales

_____

_____

_____

_____

_____

_____

_____

ingredientes

_____ _____ _____

_____ _____ _____

_____ _____ _____

_____ _____ _____

_____ _____ _____

_____ _____ _____

Preparación

_____

_____

_____

_____

_____

_____

_____

_____

_____

_____

_____

clasificación
☆☆☆☆☆

nivel de dificultad
○○○○○

comensales
1 2 3 4 5

hora

servir con

_____

_____

Notas
adicionales

_____

_____

_____

_____

31

ingredientes

_____ _____ _____
_____ _____ _____
_____ _____ _____
_____ _____ _____
_____ _____ _____
_____ _____ _____
_____ _____ _____

Preparación

_____
_____
_____
_____
_____
_____
_____
_____
_____
_____
_____
_____
_____
_____

clasificación
☆ ☆ ☆ ☆ ☆

nivel de dificultad
○ ○ ○ ○

comensales
1 2 3 4 5

hora

servir con
_____
_____

Notas
adicionales
_____
_____
_____
_____
_____
_____

32

_____

ingredientes

_____ | _____ | _____
_____ | _____ | _____
_____ | _____ | _____
_____ | _____ | _____
_____ | _____ | _____
_____ | _____ | _____

Preparación

_____
_____
_____
_____
_____
_____
_____
_____
_____
_____
_____
_____
_____

clasificación

☆☆☆☆☆

nivel de dificultad

○○○○○

comensales

1 2 3 4 5

hora

servir con

_____

Notas
adicionales

_____
_____
_____
_____
_____
_____
_____

33

_____

🧂 **ingredientes** 🧂

_____ _____ _____
_____ _____ _____
_____ _____ _____
_____ _____ _____
_____ _____ _____
_____ _____ _____

Preparación

_____
_____
_____
_____
_____
_____
_____
_____
_____
_____
_____
_____
_____
_____

clasificación
☆☆☆☆☆

nivel de dificultad
○○○○○

comensales
1 2 3 4 5

hora

_____

servir con

_____
_____

Notas
adicionales

_____
_____
_____
_____
_____
_____

34

_____

clasificación
☆☆☆☆☆

ingredientes

_____ _____ _____
_____ _____ _____
_____ _____ _____
_____ _____ _____
_____ _____ _____
_____ _____ _____

nivel de dificultad
○○○○○

comensales
1 2 3 4 5

hora

Preparación

_____
_____
_____
_____
_____
_____
_____

servir con

_____

Notas
adicionales

_____
_____
_____
_____
_____
_____
_____

_____
_____
_____
_____
_____
_____
_____

35

_____

clasificación
☆☆☆☆☆

ingredientes

nivel de dificultad
○○○○○

_____ _____ _____
_____ _____ _____
_____ _____ _____
_____ _____ _____
_____ _____ _____
_____ _____ _____
_____ _____ _____

comensales
1 2 3 4 5

hora

Preparación

_____

_____

_____

_____

_____

_____

servir con

_____

_____

_____

Notas
adicionales

_____

_____

_____

_____

_____

_____

_____

_____

 ingredientes

_____ _____ _____
_____ _____ _____
_____ _____ _____
_____ _____ _____
_____ _____ _____
_____ _____ _____

Preparación

_____
_____
_____
_____
_____
_____
_____
_____
_____
_____
_____
_____
_____

clasificación
☆☆☆☆☆

nivel de dificultad
○○○○○

comensales
1 2 3 4 5

hora

_____

servir con

_____

Notas
adicionales

_____
_____
_____
_____
_____
_____

ingredientes

_____

_____	_____	_____
_____	_____	_____
_____	_____	_____
_____	_____	_____
_____	_____	_____
_____	_____	_____
_____	_____	_____

Preparación

_____
_____
_____
_____
_____
_____
_____
_____
_____
_____
_____
_____
_____
_____
_____

clasificación
☆☆☆☆☆

nivel de dificultad
○○○○○

comensales
1 2 3 4 5

hora
_____

servir con
_____
_____

Notas
adicionales
_____
_____
_____
_____
_____
_____

38

clasificación
☆☆☆☆☆

nivel de dificultad
○○○○○

comensales
1 2 3 4 5

hora

---

servir con

_____

Notas adicionales

_____

---

ingredientes

_____ | _____ | _____
_____ | _____ | _____
_____ | _____ | _____
_____ | _____ | _____
_____ | _____ | _____

Preparación

_____
_____
_____
_____
_____
_____
_____
_____
_____
_____
_____

39

_____

clasificación

☆☆☆☆☆

ingredientes

_____   _____   _____

_____   _____   _____

_____   _____   _____

_____   _____   _____

_____   _____   _____

_____   _____   _____

nivel de dificultad

○○○○○

comensales

1 2 3 4 5

hora

Preparación

_____

_____

_____

_____

_____

_____

_____

_____

_____

_____

_____

_____

_____

_____

servir con

_____

_____

Notas
adicionales

_____

_____

_____

_____

_____

_____

_____

40

_____

🧂 **ingredientes** 🧂

_____ _____ _____
_____ _____ _____
_____ _____ _____
_____ _____ _____
_____ _____ _____
_____ _____ _____
_____ _____ _____

Preparación

_____
_____
_____
_____
_____
_____
_____
_____
_____
_____
_____
_____
_____
_____

clasificación
☆☆☆☆☆

nivel de dificultad
○○○○○

comensales
1 2 3 4 5

hora

servir con
_____

Notas
adicionales
_____
_____
_____
_____
_____
_____

41

_____

clasificación
☆☆☆☆☆

🍳 ingredientes 🧂

nivel de dificultad
○○○○○

_____ _____ _____
_____ _____ _____
_____ _____ _____
_____ _____ _____
_____ _____ _____
_____ _____ _____
_____ _____ _____

comensales
1 2 3 4 5

hora

Preparación

_____
_____
_____
_____
_____

servir con

_____

_____

Notas
adicionales

_____
_____
_____
_____
_____
_____
_____
_____
_____

_____

_____

_____

_____

_____

_____

42

clasificación
☆☆☆☆☆

ingredientes

nivel de dificultad
○○○○○

_____ _____ _____
_____ _____ _____
_____ _____ _____
_____ _____ _____
_____ _____ _____
_____ _____ _____
_____ _____ _____

comensales
1 2 3 4 5

hora

Preparación

servir con

_____
_____
_____
_____
_____

Notas
adicionales

_____
_____
_____
_____
_____
_____
_____
_____
_____
_____

43

clasificación
☆☆☆☆☆

_____

ingredientes

_____ _____ _____

_____ _____ _____

_____ _____ _____

_____ _____ _____

_____ _____ _____

_____ _____ _____

_____

Preparación

nivel de dificultad
○○○○○

comensales
1 2 3 4 5

hora

servir con

Notas
adicionales

44

_____

clasificación
☆☆☆☆☆

ingredientes

_____ _____ _____
_____ _____ _____
_____ _____ _____
_____ _____ _____
_____ _____ _____
_____ _____ _____
_____

nivel de dificultad
○○○○○

comensales
1 2 3 4 5

hora
_____

Preparación

_____
_____
_____
_____
_____
_____

servir con
_____

_____
_____

Notas
adicionales

_____
_____
_____
_____
_____
_____
_____
_____
_____

45

_____

clasificación

☆☆☆☆☆

ingredientes

nivel de dificultad

○○○○○

comensales

1 2 3 4 5

hora

Preparación

servir con

Notas
adicionales

ingredientes

_____

_____	_____	_____
_____	_____	_____
_____	_____	_____
_____	_____	_____
_____	_____	_____
_____	_____	_____

Preparación

_____

_____

_____

_____

_____

_____

_____

_____

_____

_____

_____

_____

clasificación

☆ ☆ ☆ ☆ ☆

nivel de dificultad

○ ○ ○ ○ ○

comensales

1 2 3 4 5

hora

_____

servir con

_____

_____

Notas
adicionales

_____

_____

_____

_____

_____

_____

47

clasificación

☆☆☆☆☆

ingredientes

_____

nivel de dificultad

○○○○○

comensales

1 2 3 4 5

hora

Preparación

servir con

Notas
adicionales

48

 ingredientes

_____

clasificación
☆☆☆☆☆

nivel de dificultad
○○○○○

comensales
1 2 3 4 5

hora

servir con

Notas
adicionales

Preparación

49

_____

clasificación
☆☆☆☆☆

ingredientes

nivel de dificultad
○○○○○

comensales
1 2 3 4 5

hora

Preparación

servir con

_____

_____

Notas
adicionales

50

_____

🧂 **ingredientes** 🧂

_____   _____   _____
_____   _____   _____
_____   _____   _____
_____   _____   _____
_____   _____   _____
_____   _____   _____
_____   _____   _____

Preparación

_____

_____

_____

_____

_____

_____

_____

_____

_____

_____

_____

clasificación
☆☆☆☆☆

nivel de dificultad
○○○○○

comensales
1 2 3 4 5

hora

_____

servir con

_____

_____

Notas
adicionales

_____

_____

_____

_____

_____

_____

_____

51

clasificación
☆☆☆☆☆

🍳 **ingredientes** 🍳

_____ _____ _____
_____ _____ _____
_____ _____ _____
_____ _____ _____
_____ _____ _____
_____ _____ _____

nivel de dificultad
○○○○○

comensales
1 2 3 4 5

hora

Preparación

servir con

_____
_____
_____
_____
_____
_____

Notas
adicionales

_____
_____
_____
_____
_____
_____
_____
_____

52

_____

clasificación

☆☆☆☆☆

ingredientes

nivel de dificultad

○○○○○

comensales

1 2 3 4 5

hora

_____

Preparación

servir con

_____

Notas
adicionales

53

_____

clasificación

☆☆☆☆☆

ingredientes

nivel de dificultad

○○○○○

_____ _____ _____

_____ _____ _____

_____ _____ _____

comensales

1 2 3 4 5

_____ _____ _____

_____ _____ _____

_____ _____ _____

hora

_____ _____ _____

_____

Preparación

servir con

_____

_____

_____

_____

_____

Notas
adicionales

_____

_____

_____

_____

_____

_____

_____

_____

_____

_____

_____

_____

_____

54

_____

clasificación
☆☆☆☆☆

ingredientes

_____

nivel de dificultad
○○○○○

_____	_____	_____
_____	_____	_____
_____	_____	_____
_____	_____	_____
_____	_____	_____
_____	_____	_____
_____	_____	_____

comensales

1 2 3 4 5

hora

Preparación

_____

_____

_____

_____

_____

servir con

_____

_____

_____

_____

Notas
adicionales

_____

_____

_____

_____

_____

_____

_____

_____

_____

_____

_____

_____

_____

_____

_____

55

_____

clasificación
☆☆☆☆☆

🎩
nivel de dificultad
○○○○○

🍽
comensales
1 2 3 4 5

⏱
hora
_____

ingredientes

_____ _____ _____
_____ _____ _____
_____ _____ _____
_____ _____ _____
_____ _____ _____
_____ _____ _____
_____ _____ _____

Preparación

_____
_____
_____
_____
_____
_____
_____
_____
_____
_____
_____
_____
_____
_____

🍷
servir con
_____

📋
Notas
adicionales
_____
_____
_____
_____
_____
_____
_____
_____

ingredientes

_____ _____ _____
_____ _____ _____
_____ _____ _____
_____ _____ _____
_____ _____ _____
_____ _____ _____

Preparación

_____
_____
_____
_____
_____
_____
_____
_____
_____
_____
_____
_____
_____

clasificación
☆☆☆☆☆

nivel de dificultad
○○○○○

comensales
1 2 3 4 5

hora

servir con
_____
_____

Notas
adicionales
_____
_____
_____
_____
_____
_____

57

ingredientes

_____ _____ _____
_____ _____ _____
_____ _____ _____
_____ _____ _____
_____ _____ _____
_____ _____ _____
_____ _____ _____

Preparación

clasificación
☆☆☆☆☆

nivel de dificultad
○○○○○

comensales
1 2 3 4 5

hora

servir con

_____

Notas
adicionales

_____
_____
_____
_____
_____
_____

58

☆☆☆☆☆

ingredientes

_____

nivel de dificultad
○○○○○

comensales
1 2 3 4 5

hora

_____

Preparación

servir con

_____

Notas
adicionales

59

clasificación

☆☆☆☆☆

ingredientes

_____   _____   _____
_____   _____   _____
_____   _____   _____
_____   _____   _____
_____   _____   _____
_____   _____   _____
_____   _____   _____

nivel de dificultad

○○○○○

comensales

1 2 3 4 5

hora

_____

Preparación

_____
_____
_____
_____
_____
_____
_____
_____
_____
_____
_____
_____
_____
_____
_____

servir con

_____

Notas
adicionales

_____
_____
_____
_____
_____
_____
_____

60

_____

clasificación
☆☆☆☆☆

nivel de dificultad
○○○○○

comensales
1 2 3 4 5

hora

ingredientes

_____ _____ _____
_____ _____ _____
_____ _____ _____
_____ _____ _____
_____ _____ _____
_____ _____ _____

Preparación

_____
_____
_____
_____
_____
_____
_____
_____
_____
_____
_____
_____
_____

servir con

_____

Notas
adicionales

_____
_____
_____
_____
_____
_____
_____

61

_____

ingredientes

_____ _____ _____
_____ _____ _____
_____ _____ _____
_____ _____ _____
_____ _____ _____
_____ _____ _____
_____ _____ _____

Preparación

_____
_____
_____
_____
_____
_____
_____
_____
_____
_____
_____
_____
_____

clasificación
☆☆☆☆☆

nivel de dificultad
○○○○○

comensales
1 2 3 4 5

hora

_____

servir con

_____

Notas
adicionales

_____
_____
_____
_____
_____
_____
_____
_____

62

_____

clasificación
☆☆☆☆☆

🍴 ingredientes 🍴

nivel de dificultad
○○○○○

_____ _____ _____
_____ _____ _____
_____ _____ _____
_____ _____ _____
_____ _____ _____
_____ _____ _____

comensales
1 2 3 4 5

hora

Preparación

_____

servir con

_____

_____

_____

_____

Notas
adicionales

_____

_____

_____

_____

_____

_____

_____

_____

_____

_____

_____

_____

63

---

ingredientes

_____   _____   _____
_____   _____   _____
_____   _____   _____
_____   _____   _____
_____   _____   _____
_____   _____   _____
_____   _____   _____

Preparación

_____
_____
_____
_____
_____
_____
_____
_____
_____
_____
_____
_____
_____

clasificación
☆☆☆☆☆

nivel de dificultad
○○○○○

comensales
1 2 3 4 5

hora

servir con
_____
_____

Notas
adicionales
_____
_____
_____
_____
_____
_____
_____

64

_____

clasificación

☆☆☆☆☆

ingredientes

nivel de dificultad

○○○○○

_____ _____ _____
_____ _____ _____
_____ _____ _____
_____ _____ _____
_____ _____ _____
_____ _____ _____
_____ _____ _____

comensales

1 2 3 4 5

hora

Preparación

servir con
_____
_____
_____
_____
_____
_____

Notas
adicionales

_____   _____
_____   _____
_____   _____
_____   _____
_____   _____
_____   _____
_____   _____
_____   _____
_____   _____

ingredientes

_____   _____   _____
_____   _____   _____
_____   _____   _____
_____   _____   _____
_____   _____   _____
_____   _____   _____
_____   _____   _____

Preparación

_____
_____
_____
_____
_____
_____
_____
_____
_____
_____
_____
_____
_____

clasificación
☆☆☆☆☆

nivel de dificultad
○○○○○

comensales
1 2 3 4 5

hora

servir con
_____
_____

Notas adicionales
_____
_____
_____
_____
_____
_____
_____

66

_____

clasificación
☆☆☆☆☆

ingredientes

_____ _____ _____
_____ _____ _____
_____ _____ _____
_____ _____ _____
_____ _____ _____
_____ _____ _____
_____ _____ _____

nivel de dificultad
○○○○○

comensales
1 2 3 4 5

hora

Preparación

_____
_____
_____
_____
_____
_____
_____
_____
_____
_____
_____
_____
_____
_____

servir con

_____
_____

Notas
adicionales

_____
_____
_____
_____
_____
_____
_____

67

clasificación

☆☆☆☆☆

ingredientes

_____ _____ _____
_____ _____ _____
_____ _____ _____
_____ _____ _____
_____ _____ _____
_____ _____ _____
_____ _____ _____

nivel de dificultad

○○○○○

comensales

1 2 3 4 5

hora

Preparación

_____
_____
_____
_____
_____
_____
_____
_____
_____
_____
_____
_____
_____
_____

servir con

_____
_____

Notas adicionales

_____
_____
_____
_____
_____
_____

68

_____

clasificación

☆☆☆☆☆

ingredientes

_____ _____ _____
_____ _____ _____
_____ _____ _____
_____ _____ _____
_____ _____ _____
_____ _____ _____

nivel de dificultad

○○○○

comensales

1 2 3 4 5

hora

Preparación

_____
_____
_____
_____
_____

servir con

_____

_____

Notas
adicionales

_____   _____
_____   _____
_____   _____
_____   _____
_____   _____
_____   _____
_____   _____
_____   _____

69

_____

🧂 **ingredientes** 🧂

_____ _____ _____
_____ _____ _____
_____ _____ _____
_____ _____ _____
_____ _____ _____
_____ _____ _____
_____ _____ _____

Preparación

_____
_____
_____
_____
_____
_____
_____
_____
_____
_____
_____
_____
_____

clasificación
☆☆☆☆☆

nivel de dificultad
○○○○○

comensales
1 2 3 4 5

hora

_____

servir con

_____

_____

Notas
adicionales

_____
_____
_____
_____
_____
_____
_____
_____

70

_____

clasificación
☆☆☆☆☆

ingredientes

nivel de dificultad
○○○○○

_____ | _____ | _____

comensales
1 2 3 4 5

hora

Preparación

servir con

_____

Notas
adicionales

71

ingredientes

_____ _____ _____
_____ _____ _____
_____ _____ _____
_____ _____ _____
_____ _____ _____
_____ _____ _____

Preparación

_____
_____
_____
_____
_____
_____
_____
_____
_____
_____
_____
_____
_____

clasificación
☆☆☆☆☆

nivel de dificultad
○○○○○

comensales
1 2 3 4 5

hora

_____

servir con

_____

Notas
adicionales

_____
_____
_____
_____
_____
_____

ingredientes

_____ _____ _____
_____ _____ _____
_____ _____ _____
_____ _____ _____
_____ _____ _____
_____ _____ _____

Preparación

_____
_____
_____
_____
_____
_____
_____
_____
_____
_____
_____
_____

clasificación
☆☆☆☆☆

nivel de dificultad
○○○○○

comensales
1 2 3 4 5

hora
_____

servir con
_____
_____

Notas
adicionales
_____
_____
_____
_____
_____
_____
_____

73

_____

clasificación

☆☆☆☆☆

ingredientes

nivel de dificultad

○○○○○

comensales

1 2 3 4 5

hora

Preparación

servir con

Notas
adicionales

74

_____

clasificación

☆☆☆☆☆

ingredientes

_____ _____ _____

_____ _____ _____

_____ _____ _____

_____ _____ _____

_____ _____ _____

nivel de dificultad

○○○○○

comensales

1 2 3 4 5

hora

Preparación

_____

_____

_____

_____

_____

_____

_____

_____

_____

_____

_____

servir con

_____

Notas
adicionales

_____

_____

_____

_____

_____

_____

_____

75

_____

clasificación
☆☆☆☆☆

ingredientes

_____ _____ _____
_____ _____ _____
_____ _____ _____
_____ _____ _____
_____ _____ _____
_____ _____ _____
_____ _____ _____

nivel de dificultad
○○○○○

comensales
1 2 3 4 5

hora

Preparación

_____

_____

_____

_____

_____

_____

_____

_____

_____

_____

_____

_____

_____

_____

servir con

_____

_____

Notas
adicionales

_____

_____

_____

_____

_____

_____

_____

ingredientes

_____   _____   _____
_____   _____   _____
_____   _____   _____
_____   _____   _____
_____   _____   _____
_____   _____   _____

Preparación

_____
_____
_____
_____
_____
_____
_____
_____
_____
_____
_____
_____
_____
_____

clasificación
☆☆☆☆☆

nivel de dificultad
○○○○○

comensales
1 2 3 4 5

hora
_____

servir con
_____
_____

Notas
adicionales
_____
_____
_____
_____
_____

_____

 ingredientes

clasificación

nivel de dificultad
○ ○ ○ ○ ○

comensales
1 2 3 4 5

hora

_____

servir con

_____

Preparación

Notas
adicionales

78

_____

ingredientes

_____ _____ _____
_____ _____ _____
_____ _____ _____
_____ _____ _____
_____ _____ _____
_____ _____ _____

Preparación

_____
_____
_____
_____
_____
_____
_____
_____
_____
_____
_____
_____
_____

clasificación
☆☆☆☆☆

nivel de dificultad
○○○○○

comensales
1 2 3 4 5

hora
_____

servir con
_____
_____

Notas
adicionales
_____
_____
_____
_____
_____
_____

79

_____

ingredientes

_____ _____ _____
_____ _____ _____
_____ _____ _____
_____ _____ _____
_____ _____ _____
_____ _____ _____
_____ _____ _____

Preparación

_____
_____
_____
_____
_____
_____
_____
_____
_____
_____
_____
_____

clasificación
☆ ☆ ☆ ☆ ☆

nivel de dificultad
○ ○ ○ ○ ○

comensales
1 2 3 4 5

hora

servir con
_____
_____

Notas
adicionales
_____
_____
_____
_____
_____
_____

80

_____

ingredientes

_____	_____	_____
_____	_____	_____
_____	_____	_____
_____	_____	_____
_____	_____	_____
_____	_____	_____

Preparación

_____

_____

_____

_____

_____

_____

_____

_____

_____

_____

_____

_____

_____

_____

clasificación
☆☆☆☆☆

nivel de dificultad
○○○○○

comensales
1 2 3 4 5

hora

servir con

_____

_____

Notas
adicionales

_____

_____

_____

_____

_____

_____

81

_____

clasificación
☆☆☆☆☆

ingredientes

nivel de dificultad
○○○○○

_____ _____ _____
_____ _____ _____
_____ _____ _____

comensales
1 2 3 4 5

_____ _____ _____
_____ _____ _____

hora

_____ _____ _____

Preparación

_____

_____

servir con

_____

_____

_____

_____

Notas
adicionales

_____

_____

_____

_____

_____

_____

_____

_____

_____

_____

_____

_____

_____

_____

82

_____

ingredientes

☆☆☆☆☆

nivel de dificultad

○○○○○

comensales

1 2 3 4 5

hora

_____

_____ _____ _____
_____ _____ _____
_____ _____ _____
_____ _____ _____
_____ _____ _____
_____ _____ _____

Preparación

_____

_____

_____

_____

servir con

_____

_____

Notas
adicionales

_____

_____

_____

_____

_____

_____

_____

_____

_____

_____

_____

_____

83

_____

clasificación
☆☆☆☆☆

ingredientes

_____ _____ _____
_____ _____ _____
_____ _____ _____
_____ _____ _____
_____ _____ _____
_____ _____ _____
_____ _____ _____

nivel de dificultad
○○○○○

comensales
1 2 3 4 5

hora

Preparación

_____
_____
_____
_____
_____
_____
_____
_____
_____
_____
_____
_____
_____
_____

servir con

_____

_____

Notas
adicionales

_____

_____

_____

_____

_____

_____

84

clasificación

☆☆☆☆☆

ingredientes

nivel de dificultad

○○○○○

comensales

1 2 3 4 5

hora

Preparación

servir con

Notas
adicionales

85

_____

 ingredientes

_____ _____ _____
_____ _____ _____
_____ _____ _____
_____ _____ _____
_____ _____ _____
_____ _____ _____
_____

Preparación

_____
_____
_____
_____
_____
_____
_____
_____
_____
_____
_____
_____
_____

clasificación
☆☆☆☆☆

nivel de dificultad
○○○○○

comensales
1 2 3 4 5

hora

_____

servir con

_____

_____

Notas
adicionales

_____
_____
_____
_____
_____
_____

_____

 ingredientes

_____ _____ _____
_____ _____ _____
_____ _____ _____
_____ _____ _____
_____ _____ _____
_____ _____ _____

Preparación

_____
_____
_____
_____
_____
_____
_____
_____
_____
_____
_____
_____
_____

clasificación
☆☆☆☆☆

nivel de dificultad
○○○○○

comensales
1 2 3 4 5

hora

_____

servir con

_____
_____

Notas
adicionales

_____
_____
_____
_____
_____
_____

87

ingredientes

_____   _____   _____
_____   _____   _____
_____   _____   _____
_____   _____   _____
_____   _____   _____
_____   _____   _____

Preparación

_____
_____
_____
_____
_____
_____
_____
_____
_____
_____
_____
_____
_____

clasificación
☆☆☆☆☆

nivel de dificultad
○○○○○

comensales
1 2 3 4 5

hora

_____

servir con

_____
_____

Notas
adicionales

_____
_____
_____
_____
_____
_____

ingredientes

_____ _____ _____
_____ _____ _____
_____ _____ _____
_____ _____ _____
_____ _____ _____
_____ _____ _____

Preparación

_____
_____
_____
_____
_____
_____
_____
_____
_____
_____
_____
_____
_____

clasificación
☆☆☆☆☆

nivel de dificultad
○○○○○

comensales
1 2 3 4 5

hora
_____

servir con
_____
_____

Notas
adicionales
_____
_____
_____
_____
_____
_____

89

_____

ingredientes

_____ _____ _____
_____ _____ _____
_____ _____ _____
_____ _____ _____
_____ _____ _____
_____ _____ _____
_____ _____ _____

Preparación

_____
_____
_____
_____
_____
_____
_____
_____
_____
_____
_____
_____
_____
_____

clasificación
☆☆☆☆☆

nivel de dificultad
○ ○ ○ ○ ○

comensales
1 2 3 4 5

hora

_____

servir con

_____

Notas
adicionales

90

_____

clasificación
☆☆☆☆☆

ingredientes

_____ _____ _____
_____ _____ _____
_____ _____ _____
_____ _____ _____
_____ _____ _____
_____ _____ _____

nivel de dificultad
○○○○○

comensales
1 2 3 4 5

hora

Preparación

_____
_____
_____
_____
_____
_____

servir con

_____
_____

Notas adicionales

_____
_____
_____
_____
_____
_____
_____

91

ingredientes

Preparación

clasificación
☆☆☆☆☆

nivel de dificultad
○○○○○

comensales
1 2 3 4 5

hora

---

servir con

Notas
adicionales

92

_____

clasificación

☆☆☆☆☆

ingredientes

_____   _____   _____
_____   _____   _____
_____   _____   _____
_____   _____   _____
_____   _____   _____
_____   _____   _____
_____   _____   _____

nivel de dificultad

○○○○○

comensales

1 2 3 4 5

hora

Preparación

_____
_____
_____
_____
_____
_____
_____
_____
_____
_____
_____
_____
_____
_____
_____
_____

servir con

_____
_____

Notas
adicionales

_____
_____
_____
_____
_____
_____
_____

93

_____

🧂 **ingredientes** 🧂

_____   _____   _____

_____   _____   _____

_____   _____   _____

_____   _____   _____

_____   _____   _____

_____   _____   _____

Preparación

_____

_____

_____

_____

_____

_____

_____

_____

_____

_____

_____

_____

clasificación

☆☆☆☆☆

nivel de dificultad

○○○○○

comensales

1 2 3 4 5

hora

_____

servir con

_____

_____

Notas
adicionales

_____

_____

_____

_____

_____

94

_____

 ingredientes

_____   _____   _____
_____   _____   _____
_____   _____   _____
_____   _____   _____
_____   _____   _____
_____   _____   _____

Preparación

_____
_____
_____
_____
_____
_____
_____
_____
_____
_____
_____
_____

clasificación
☆☆☆☆☆

nivel de dificultad
○○○○○

comensales
1 2 3 4 5

hora
_____

servir con
_____
_____

Notas
adicionales
_____
_____
_____
_____
_____
_____

95

_____

clasificación
☆☆☆☆☆

ingredientes

_____ _____ _____
_____ _____ _____
_____ _____ _____
_____ _____ _____
_____ _____ _____
_____ _____ _____
_____ _____ _____

nivel de dificultad
○ ○ ○ ○ ○

comensales
1 2 3 4 5

hora

Preparación

_____
_____
_____
_____
_____
_____
_____
_____
_____
_____
_____
_____
_____
_____
_____

servir con

_____

_____

Notas
adicionales

_____

_____

_____

_____

_____

_____

96

_____

clasificación

☆☆☆☆☆

ingredientes

_____ _____ _____

_____ _____ _____

_____ _____ _____

_____ _____ _____

_____ _____ _____

_____ _____ _____

nivel de dificultad

○ ○ ○ ○ ○

comensales

1 2 3 4 5

hora

Preparación

_____

_____

_____

_____

_____

servir con

_____

_____

_____

Notas
adicionales

_____

_____

_____

_____

_____

_____

_____

97

_____

clasificación
☆☆☆☆☆

ingredientes

nivel de dificultad
○○○○○

_____ _____ _____

_____ _____ _____

_____ _____ _____

_____ _____ _____

comensales
1 2 3 4 5

_____ _____ _____

_____ _____ _____

hora

_____ _____ _____

Preparación

servir con

_____

_____

_____

_____

_____

_____

Notas
adicionales

_____

_____

_____

_____

_____

_____

_____

_____

_____

_____

98

_____

clasificación

☆☆☆☆☆

ingredientes

_____ _____ _____
_____ _____ _____
_____ _____ _____
_____ _____ _____
_____ _____ _____
_____ _____ _____
_____ _____ _____

nivel de dificultad

○ ○ ○ ○ ○

comensales

1 2 3 4 5

hora

Preparación

_____
_____
_____
_____
_____

servir con

_____

_____

Notas
adicionales

_____   _____
_____   _____
_____   _____
_____   _____
_____   _____
_____   _____
_____   _____
_____   _____

99

_____

ingredientes

_____ _____ _____
_____ _____ _____
_____ _____ _____
_____ _____ _____
_____ _____ _____
_____ _____ _____
_____ _____ _____

Preparación

_____
_____
_____
_____
_____
_____
_____
_____
_____
_____
_____
_____

clasificación
☆☆☆☆☆

nivel de dificultad
○○○○○

comensales
1 2 3 4 5

hora

servir con

_____
_____

Notas
adicionales

_____
_____
_____
_____
_____
_____

clasificación

☆☆☆☆☆

ingredientes

nivel de dificultad

○ ○ ○ ○ ○

comensales

1 2 3 4 5

hora

_____

servir con

Preparación

Notas
adicionales

CPSIA information can be obtained
at www.ICGtesting.com
Printed in the USA
LVHW020128231220
674889LV00013B/702